DANIEL RICHTER

COCKTAILS

Shake it easy

FOTOGRAFIE: JAN C. BRETTSCHNEIDER | COCO LANG

INHALT

Öffnen Sie die Klappen dieses Buches.
Dort finden Sie die wichtigsten Infos zum Thema auf einen Blick!

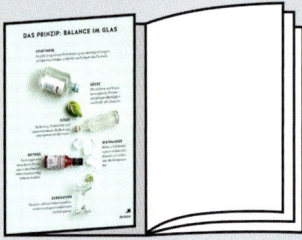

DAS PRINZIP:
BALANCE
IM GLAS

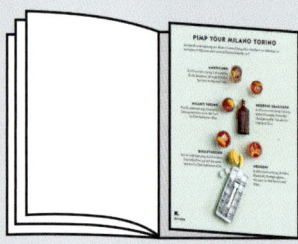

PIMP YOUR
MILANO
TORINO

Immer griffbereit:

SO GEHT'S:
SHAKEN & RÜHREN

Immer griffbereit:

DIE WICHTIGSTEN
COCKTAILGLÄSER

GU CLOU

Wussten Sie schon, dass …?
Entdecken Sie bei einigen ausgewähl-
ten Rezepten ganz besondere Tipps
mit verblüffendem Insiderwissen.
Aha-Momente garantiert!

Sammeln Ihrer Lieblingsrezepte
mit der »GU Kochen Plus«-App
(siehe S. 64)

REZEPTKAPITEL

06 ERFRISCHEND & LEICHT

18 KLASSIKER

38 MODERNE KLASSIKER

52 ALKOHOLFREI

DANIEL RICHTER

»Es gibt doch nichts Schöneres, als einen angenehmen Abend in toller Gesellschaft zu verbringen.« Wenn Daniel Richter nicht gerade Gästen ebensolche Abende im »Salon Irkutsk« beschert, ist er wohl mit seiner buchbaren »Mobilen Bar« im Raum München unterwegs.

Warum ist das Mixen von Cocktails zu Hause so beliebt?

Einige Protagonisten aus TV-Serien machen es vor: Der selbst gemischte Cocktail erlebt eine Renaissance. Es wäre doch wunderbar, sich mit einem raren Gin aus dem letzten Urlaub zum Feierabend einen Martini-Cocktail zu mixen, der idealerweise genau in dem Moment eiskalt und trinkfertig ist, wenn die neue Folge der Lieblingsserie beginnt.

Du gibst eine Party zu Hause – welche Cocktails bietest Du an?

Es ist immer schön, wenn man der Jahreszeit entsprechend frische und erntereife Produkte mit in die Drinks integrieren kann. Schon mal einen Mojito mit frischer Zitronenverbene aus dem eigenen Garten anstatt Minze aus dem Supermarkt probiert? Auch immer im Haus sind vorgemischte Negroni und Ichigo-Ichie-Cocktails, um viel Zeit für meine Gäste zu haben und schnell leckere Cocktails zu servieren (nämlich einfach Flasche aufschrauben und eingießen).

Hast Du zwei Tipps für angehende Home-Bartender?

Geshakte Cocktails unbedingt mit viel Energie und Kraftaufwand schütteln. Der Drink soll nicht sanft in den Schlaf gewogen, sondern mit kräftigen Bewegungen zum Leben erweckt werden. Und ganz wichtig: Eiswürfel im Gefrierfach auf alle Fälle getrennt von anderen Lebensmitteln aufbewaren, da Eis schnell fremde Gerüche annimmt.

BLITZREZEPT FÜR SPONTANE GÄSTE: TI PUNCH

1 Bio-Limette heiß waschen und abtrocknen. Von der Seite mit viel Schale 1 Scheibe abschneiden.

5 cl Rhum Agricole und 1 cl Zuckersirup (aus braunem Zucker im Verhältnis Zucker zu Wasser 2:1) in ein Old-Fashioned-Glas (ca. 20 cl) geben und verrühren.

Die Limettenscheibe mit der Schale zum Glas so anpressen, dass die Öle der Schale die Oberfläche des Drinks benetzen und einige Tropfen Saft in den Cocktail tropfen. Nach Belieben 2 Eiswürfel dazugeben und den Cocktail mit einem Barlöffel verrühren. Servieren

Rhum Agricole wird aus Zuckerrohrsaft gemacht, seine Heimat sind die karibischen Inseln und die französischen Antillen. Dort ist es durchaus üblich, den Gästen unterschiedliche Flaschen Rhum Agricole, Zucker und Limetten sowie ein separates Glas mit Eis an den Tisch zu bringen, sodass sich jeder seinen Drink selbst mixt.

ERFRISCHEND & LEICHT

Für 500 ml • 5 Min. Zubereitung • 25 Min. Abkühlen

*Für 2 Flaschen (à 600 ml) • 15 Min. Zubereitung •
3 Tage Ziehen*

FEINER ZUCKERSIRUP

BALANCIERTE SÜSSE

*500 g Zucker • Barlöffel • 1 sterile Flasche
(500 ml) mit dichtem Verschluss*

1 Den Zucker in einen Topf geben, 250 ml Wasser hinzufügen und erhitzen, aber nicht zum Kochen bringen. Mit einem Barlöffel den Zucker so lange rühren, bis sich die Kristalle komplett aufgelöst haben.

2 Den Topf vom Herd nehmen und den Zuckersirup vollständig auskühlen lassen. Abgekühlt in eine saubere Flasche füllen und kühl und dunkel lagern. Er hält sich ca. 8 Wochen.

TIPP
Durch Zugabe von etwas Alkohol (z. B. Wodka) in den fertigen Sirup kann die Haltbarkeit verlängert werden. Man kann Zuckersirup auch kaufen, aber selbst gemachter ist besser.

MARIA-VERGINE-FOND

BASIS FÜR BLOODY MARY

*1 geh. EL geriebener Meerrettich • ½ Stange
Staudensellerie, klein gehackt • 1 Knoblauchzehe,
zerstoßen • 5 Gurkenscheiben • 1 Bio-Zitrone
(Saft und ausgepresste Hälften) • ½ rote Chilischote • ½ Jalapeño • 15 Basilikumblätter • 2 Zweige
Rosmarin • 1 Barlöffel getrockneter Oregano •
3 cl Crema di Balsamico • grobes Meersalz •
schwarzer Pfeffer • 2 Flaschen Worcestersauce
(à 568 ml; z. B. von Lea & Perrins) • Tabasco zum
Abschmecken (nach Belieben)*

1 Alle Zutaten in ein gut verschließbares Einmachglas geben und mit der Worcestersauce bedecken. Verschließen, dunkel lagern und 1–3 Tage ziehen lassen. Nach Belieben mit Tabasco abschmecken.

2 Fond mithilfe eines Trichters durch ein feines Sieb in saubere Flaschen füllen. Im Kühlschrank aufbewahrt hält er mindestens 3 Wochen.

Für 5 Chips • 12 Min. Zubereitung

Für 4 Gläser (à 250 ml) • 45 Min. Zubereitung

KNUSPRIGE KORALLENCHIPS

ESSBARE COCKTAIL-DEKO

*30 ml Rote-Bete-Saft • 120 ml Kokosöl •
27 g Mehl (Type 405) • Salz*

1 Rote-Bete-Saft, Kokosöl, gesiebtes Mehl, Salz und 90 ml Wasser in einem hohen Rührbecher mit dem Pürierstab gründlich mischen.

2 Eine Pfanne ohne Fett bei großer Hitze heiß werden lassen. Den sehr flüssigen Teig mithilfe einer kleinen Kelle in 5 Portionen nebeneinander in die Pfanne geben. Einen Spritzschutz verwenden, um Verbrennungen durch austretendes Wasser zu vermeiden. Die Chips braten, bis das Wasser verdampft ist oder die Ränder beginnen, sich dunkel zu verfärben.

3 Die Chips vorsichtig mithilfe eines Pfannenhebers lösen und auf Küchenpapier entfetten. Auskühlen lassen, dabei werden sie knusprig. Luftdicht verpackt aufbewahren.

MARASCHINO-KIRSCHEN

NATÜRLICH LECKER

*7 cl frisch gepresster Zitronensaft • 2 Zimtstangen • 1 Vanilleschote • 150 g Zucker • 1 kg
eher herbe Sauerkirschen • 30 cl Cognac •
5 cl Allspice-Dram-Likör (Bitter Truth) • 6 cl
Maraschino-Likör (Luxardo) • Kirschentsteiner •
4 Einmachgläser (à 250 ml)*

1 Zitronensaft, Zimtstangen, Vanilleschote und Zucker mit 250 ml Wasser in einem Topf aufkochen und ca. 15 Min. köcheln lassen. Inzwischen die Kirschen entsteinen. Kirschen dazugeben und bei kleiner Hitze ca. 5 Min. ziehen lassen. Den Topf vom Herd nehmen. Cognac, Allspice-Dram-Likör und Maraschino-Likör dazugeben und alles gut verrühren.

2 Zimt und Vanille entfernen und die Kirschen mit dem Sud in saubere Gläser füllen, sie müssen komplett bedeckt sein. Gläser verschließen. Die Kirschen sind mehrere Monate haltbar.

GARIBALDI

CAMPARI O IN LECKER

FÜR DEN DRINK
1 dünnschalige Bio-Orange
6 cl Campari
2 Spritzer Rosa Himalaya-Saline
*   (nach Belieben)*
ca. 1 Barlöffel Zuckersirup

FÜR DIE DEKO
1 große Bio-Orangenspalte
1 kleines Schälchen (z. B. Oliven-
*   schälchen)*

AUSSERDEM
Eiswürfel
2 Rührgläser
Barlöffel
Julep-Sieb
Pürierstab

DRINK Die Bio-Orange heiß waschen und in den Kühl-schrank legen. Reichlich Eiswürfel in ein Rührglas füllen und den Campari dazugeben. Mit dem Barlöffel ca. 20 Sekunden kaltrühren. Anschließend durch das Julep-Sieb in das andere Rührglas abseihen.

Die vorgekühlte Bio-Orange halbieren, auspressen und 9 cl Saft abmessen. Den Orangensaft zum Campari geben und nach Belieben die Himalaya-Saline hinzufügen. Je nach Süße des Orangensafts und eigenem Geschmack den Zuckersirup dazugeben. Die Mischung mit dem Pürierstab erst auf langsa-mer, dann auf schneller Stufe aufschäumen, bis eine luftig-leichte Konsistenz entsteht.

Das Highball-Glas mit Eiswürfeln befüllen und den Cocktail dazugießen.

DEKO Die Orangenspalte mit der Schale nach unten auf den Glasrand legen. Das Glas in das Tellerchen stellen und den Cocktail trinken.

GU
CLOU

Eine Orange zum Entsaften sollte schwer sein, aber eine dünne Schale haben. Für die Deko eignen sich hingegen Früchte mit dicker, farbintensiver und grobporiger Schale besser, da diese viele ätherische Öle enthält. Natürlich Bio-Ware!

Für 1 Julep-Becher (ca. 35 cl) • 5 Min. Zubereitung

APERITIVO JULEP

EISKALTER, ERFRISCHEND LEICHTER DRINK

6 cl trockener Wermut
1,5 cl Amaro Ciociaro (ersatz-
*   weise Averna)*
2 Barlöffel Pfirsichlikör

FÜR DIE DEKO
5 schöne Stängel Minze
2 gekürzte Strohhalme

AUSSERDEM
Crushed Ice
Barlöffel (oder Swizzle Stick)

1 Wermut, Amaro Ciociaro und den Pfirsichlikör in den Julep-Becher geben. Diesen zur Hälfte mit Crushed Ice befüllen. Einen Barlöffel oder Swizzle Stick ins Eis eintauchen und den Stil zwischen beiden Handflächen so lange drehen, bis der Becher von außen beginnt zu überfrieren.

2 Unter Rühren nun so viel weiteres Crushed Ice hinzugeben, bis im Becher ein kleiner Hügel entsteht und das Gefäß von außen mit einer sichtbaren Eisschicht überzieht.

3 Die Minze waschen und trocken tupfen. Dann leicht auf den Handballen klatschen und so zum Leben erwecken. Mit dem Stroh-halm ein kleines Loch im Eis vorbereiten und die Minze hineinstecken. Die Strohhalme so in den Eishügel drapieren, dass einem beim Trinken die ätherischen Öle und der Duft der Minze in die Nase steigen. Trinken.

Für 1 Old-Fashioned-Glas (ca. 20 cl) • 12 Min. Zubereitung

ANTICA SMASH

AUCH TORINO SMASH GENANNT

*5 Stängel Minze (am besten
    Spearmint oder »Heming-
    way-Minze«)*
*1 cl Zuckersirup (im Verhält-
    nis 2:1 Zucker zu Wasser)*
*7 cl süßer roter Wermut (z. B.
    Carpano Antica Formula)*
*2 cl frisch gepresster Bio-
    Zitronensaft*

AUSSERDEM
*Shaker
Barlöffel
Eiswürfel
Hawthorne-Sieb, Teesieb*

1 Die Minze waschen und unten 10 große Blätter abzupfen. Die gekürzten Stängel mit den Spitzen für die Deko beiseitelegen. Minzeblätter und Zuckersirup in den Shaker geben. Die Blätter vorsichtig mit dem Barlöffel andrücken, aber nicht gänzlich zerstoßen, die ätherischen Öle sollen in den Zuckersirup übergehen. Falls Zeit ist, die Mischung ca. 5 Min. durchziehen lassen.

2 Wermut und Zitronensaft hinzufügen und den Shaker mit reichlich Eiswürfeln befüllen. Sofort gut und hart schütteln. Das Trinkglas mit Eiswürfeln befüllen und den Drink doppelt abseihen, zuerst durch das Hawthorne-Sieb, dann durch das Teesieb. Letzteres soll feine Minzestücke und Fruchtstücke der Zitrone zurückhalten.

3 Die Minzestängel auf dem Handballen kurz anklatschen und als Deko so ins Glas geben, dass einem beim Trinken die ätherischen Öle und der Duft der Minze in die Nase steigen. Trinken.

Für 1 großes Weißweinglas (ca. 25 cl) • 3 Min. Zubereitung

SPRITZ

WUNDERBARE FARBE UND TEXTUR

1 Bio-Orange
5 cl Aperol
8 cl trockener Spumante (er-
    satzweise Prosecco)
4 cl Soda (ersatzweise Mineral-
    wasser mit viel Kohlensäure)

AUSSERDEM
Eiswürfel
Barlöffel

1 Die Bio-Orange heiß waschen und abtrocknen. 1 Spalte heraus-schneiden und beiseitelegen. Übrige Orange für einen anderen Cocktail verwenden. Ein großes Weißweinglas mit reichlich Eiswürfeln befüllen. Aperol, Spumante und Soda dazugießen.

2 Alle Zutaten vorsichtig mit dem Barlöffel umrühren, ohne dabei die Kohlensäure zu zerstören. Die Orangenspalte ins Glas geben und den Spritz trinken.

GUT ZU WISSEN
Wer Kohlensäure nicht gut verträgt, kann einen Veneto Spritz probieren; dafür wird der Spumante durch dieselbe Menge trockenen Weißwein ersetzt.

Für 1 Highball-Glas (ca. 30 cl) • 3 Min. Zubereitung

WERMUT & TONIC

KRÄFTIGER WIRD'S MIT GIN

1 Bio-Limette
1 Bio-Grapefruit
6 cl Wermut
ca. 15 cl eiskaltes trockenes
   Tonic Water
2 Spritzer zitruslastiges Bitters
   (z. B. Grapefruit Bitters;
   nach Belieben)

AUSSERDEM
Zestenreißer
Eiswürfel
Barlöffel

ZUM SERVIEREN
1 kleines Schälchen Oliven

1 Die Bio-Limette heiß waschen, abtrocknen und 1 Spalte her- ausschneiden. Den Rest der Limette für einen anderen Cocktail verwenden. Die Bio-Grapefruit heiß waschen, abtrocknen und mit einem Zestenreißer 1 große Zeste abziehen. Den Rest der Grapefruit anderweitig verwenden.

2 Das Glas mit Eiswürfeln befüllen und den Wermut hinzufügen. Bis fast zum Glasrand mit eiskaltem Tonic Water auffüllen und nach Belieben mit dem Bitters verfeinern.

3 Den Saft der Limettenspalte in den Drink drücken und behutsam umrühren. Die Grapefruitzeste mit der Schale nach unten über dem Glas mit den Fingern zusammendrücken, sodass die ätherischen Öle die Oberfläche des Drinks benetzen. Dann die Zeste hineingeben. Den Cocktail mit den Oliven servieren. Trinken.

Für 1 Old Fashioned-Glas (ca. 20 cl) • 5 Min. Zubereitung

NEGRONI

APERITIVO AUS FLORENZ

1 Bio-Orange
4 cl Gin
3 cl Campari
3 cl süßer roter Wermut

AUSSERDEM
Zestenreißer
Eiswürfel
Barlöffel

GUT ZU WISSEN
Der Negroni enthält nur Spirituosen und schafft dennoch eine perfekte Balance zwischen stark, bitter und süß.

1 Die Bio-Orange heiß waschen und abtrocknen. 1 Spalte herausschneiden und beiseitelegen. Mit einem Zestenreißer 1 große Orangenzeste vorbereiten. Den Rest der Orange anderweitig verwenden.

2 Das Glas mit Eiswürfeln befüllen. Gin, Campari und Wermut dazugeben und alle Zutaten mit dem Barlöffel behutsam verrühren.

3 Die Orangenzeste mit der Schale nach unten über dem Glas mit den Fingern zusammendrücken, sodass die ätherischen Öle die Oberfläche des Drinks benetzen. Die Zeste nicht in den Drink geben. Den Negroni mit der Orangenspalte garnieren und trinken.

Für ein dünnwandiges Old Fashioned-Glas (ca. 20 cl) • 5 Min. Zubereitung

ICHIGO ICHIE

JAPANISCHER APERITIF

1 Bio-Orange
1 Bio-Zitrone
4 cl süßer roter Wermut
3 cl Sake
2 cl Gin

AUSSERDEM
Zestenreißer
Eiswürfel
Barlöffel
1 naturbelassenes Schleierblatt
  (Onlinehandel)
1 Miniholzklammer

1 Die Bio-Orange und die Bio-Zitrone heiß waschen, abtrocknen und mit einem Zestenreißer jeweils 1 große Zeste vorbereiten. Den Rest der Früchte anderweitig verwenden.

2 Das Trinkglas mit Eiswürfeln befüllen. Wermut, Sake und Gin hinzufügen und alle Zutaten behutsam mit dem Barlöffel verrühren.

3 Die Orangenzeste und die Zitronenzeste mit der Schale nach unten über dem Glas mit den Fingern zusammendrücken, sodass die ätherischen Öle die Oberfläche des Drinks benetzen. Die Zesten aber nicht ins Glas geben. Das Schleierblatt für die Deko mit der Holzklammer am Glas befestigen und den Ichigo Ichie trinken.

KLASSIKER

BEE'S KNEES

KLASSIKER MIT HONIG

FÜR DEN COCKTAIL
1 Bio-Zitrone
5 cl Gin
*2 cl Honigsirup (im Verhält-
nis 3:1 Honig zu Wasser)*
*2 Spritzer Lavendelbitters
(nach Belieben)*

FÜR DIE DEKO
1 Zweig Lavendel mit Blüte
1 Miniholzklammer

AUSSERDEM
Shaker
Eiswürfel
Hawthorne-Sieb, Teesieb

GUT ZU WISSEN
Für Cocktail-geeigneten Honigsirup 300 g flüssigen Honig
mit 100 ml Wasser in einen
Topf geben. Den Honig unter
Rühren bei mittlerer Hitze auflösen. Auskühlen lassen, in sterile Flaschen füllen und kühl
und dunkel lagern.

1 Das Trinkglas ca. 20 Min. im Tiefkühlfach frosten. Für den Cocktail die Bio-Zitrone heiß waschen, abtrocknen und mit einem Zestenreißer 1 große Zitronenzeste vorbereiten. Beiseitelegen. Die Zitrone halbieren und den Saft auspressen. 2 cl Saft abmessen.

2 Gin, Honigsirup, Zitronensaft und nach Belieben Lavendelbitters in den Shaker geben. Mit reichlich Eiswürfeln befüllen und sofort gut und hart schütteln.

3 Das Glas auf eine ebene Oberfläche stellen. Den Shaker und das Hawthorne-Sieb in eine Hand nehmen und das Teesieb in die andere. Den Drink mit einer fließenden Bewegung durch beide Siebe in das gefrostete Glas abseihen. Das Teesieb soll die feinen Fruchtstücke der Zitrone zurückhalten.

4 Die Zitronenzeste mit der Schale nach unten über dem Glas mit den Fingern zusammendrücken, sodass die ätherischen Öle die Oberfläche des Drinks benetzen. Die Zeste aber nicht ins Glas geben. Den Lavendelzweig mit der Klammer am Glas befestigen und den Cocktail trinken.

Für 1 Martiniglas (ca. 12 cl) • 5 Min. Zubereitung • 20 Min. Glas frosten

MARTINI

IMMER GERÜHRT, NIE GESCHÜTTELT

6 cl Gin
2 cl trockener Wermut
1 Spritzer Orange Bitters

FÜR DIE DEKO
1 grüne Olive mit Stein
  (in Salzlake)
1 Cocktailspießchen
1 große Bio-Zitronenzeste

AUSSERDEM
Rührglas
Eiswürfel
Barlöffel
Julep-Sieb

1 Das Trinkglas im Tiefkühlfach ca. 20 Min. frosten. Gin, Wermut und Orange Bitters in ein Rührglas geben und reichlich Eiswürfel hinzufügen. Alles mit dem Barlöffel verrühren, bis das Glas von außen beschlägt.

2 Den Drink durch das Julep-Sieb in das gefrostete Trinkglas gießen. Die Olive sorgfältig abwaschen, damit keine Rückstände der Lake Schlieren auf der Oberfläche des Drinks verursachen. Die Olive auf das Cocktailspießchen stecken.

3 Die Zitronenzeste mit der Schale nach unten über dem Glas mit den Fingern zusammendrücken, sodass die ätherischen Öle die Oberfläche des Drinks benetzen. Die Zeste aber nicht ins Glas geben. Das Spießchen mit der Olive in das Glas geben und den Martini trinken.

Für 1 Nick-&-Nora-Glas (ca. 16 cl) • 5 Min. Zubereitung • 20 Min. Glas frosten

MARTINEZ

CALIFORNIA DREAMING

FÜR DIE DEKO
*1 Bio-Zitrone (ersatzweise
    1 Maraschino-Kirsche)*

FÜR DEN COCKTAIL
*6 cl süßer roter Wermut
3 cl Old Tom Gin (ersatzweise
    Old Genever)
1 Barlöffel Maraschino-Likör
2 Spritzer Angostura Bitters*

AUSSERDEM
*Zestenreißer
Rührglas
Eiswürfel, Barlöffel
Julep-Sieb*

1 Das Trinkglas im Tiefkühlfach ca. 20 Min. frosten.

2 Für die Deko die Bio-Zitrone heiß waschen, abtrocknen und mit einem Zestenreißer 1 große Zitronenzeste vorbereiten. Beiseitelegen. Den Rest der Zitrone anderweitig verwenden.

3 Für den Cocktail Wermut, Gin, Maraschino-Likör und Bitters in ein Rührglas geben. Reichlich Eiswürfel dazugeben und alles mit dem Barlöffel verrühren, bis das Glas von außen beschlägt.

4 Den Drink durch das Julep-Sieb in das gefrostete Trinkglas abseihen. Die Zitronenzeste mit der Schale nach unten über dem Glas mit den Fingern zusammendrücken, sodass die ätherischen Öle die Oberfläche des Drinks benetzen. Dann die Zeste mit der Schalenseite nach oben ins Glas geben. Den Martinez trinken.

Für 1 Coupette-Glas (ca. 12 cl) • 5 Min. Zubereitung • 20 Min. Glas frosten

VIEUX CARRÉ

FILIGRAN IM GESCHMACK

FÜR DIE DEKO
1 Bio-Zitrone

FÜR DEN COCKTAIL
3 cl Cognac
3 cl Rye Whiskey
3 cl süßer roter Wermut
1 Barlöffel Benedictin
2 Spritzer Pechaud's Bitters
1 Spritzer Angostura Bitters

AUSSERDEM
Rührglas
Eiswürfel
Barlöffel
Julep-Sieb

1 Das Trinkglas im Tiefkühlfach ca. 20 Min. frosten.

2 Für die Deko die Bio-Zitrone heiß waschen, abtrocknen und mit einem Zestenreißer 1 große Zitronenzeste vorbereiten. Beiseitelegen. Den Rest der Zitrone anderweitig verwenden.

3 Für den Cocktail Cognac, Whiskey, Wermut, Benedectin und die beiden Bitters in ein Rührglas geben. Reichlich Eiswürfel hinzufügen und alles mit dem Barlöffel verrühren, bis das Glas von außen beschlägt.

4 Den Drink durch das Julep-Sieb in das gefrostete Glas abseihen. Die Zitronenzeste mit der Schale nach unten über dem Glas mit den Fingern zusammendrücken, sodass die ätherischen Öle die Oberfläche des Drinks benetzen. Dann die Zeste mit der Schale nach oben ins Glas geben und den Cocktail trinken.

Für 1 Nick-&-Nora-Glas (ca. 14 cl) • 5 Min. Zubereitung • 20 Min. Glas frosten

MANHATTAN

DER LIEBLINGSDRINK DES AUTORS

FÜR DIE DEKO
1 Bio-Orange (ersatzweise
  1 Maraschino-Kirsche und
  1 Cocktailspießchen)

FÜR DEN COCKTAIL
6 cl Rye Whiskey
3 cl süßer roter Wermut (z. B.
  Cocchi Vermouth di Torino)
2 Spritzer Angostura Bitters

AUSSERDEM
Rührglas
Eiswürfel
Barlöffel
Julep-Sieb

1 Das Trinkglas im Tiefkühlfach ca. 20 Min. frosten.

2 Für die Deko die Bio-Orange heiß waschen, abtrocknen und mit einem Zestenreißer 1 große Orangenzeste vorbereiten. Beiseitelegen. Den Rest der Orange anderweitig verwenden.

3 Für den Cocktail Whiskey, Wermut und Bitters in das Rührglas geben und reichlich Eiswürfel hinzufügen. Alles mit dem Barlöffel verrühren, bis das Glas von außen beschlägt.

4 Den Drink durch das Julep-Sieb in das gefrostete Glas abseihen. Die Orangenzeste mit der Schale nach unten über dem Glas mit den Fingern zusammendrücken, sodass die ätherischen Öle die Oberfläche des Drinks benetzen. Die Zeste mit der Schale nach oben ins Glas geben und den Manhattan trinken.

Für 1 Old-Fashioned-Glas (ca. 20 cl) • 5 Min. Zubereitung • 20 Min. Glas frosten

SAZERAC

URSPRÜNGLICH MIT COGNAC

1 Bio-Zitrone
1 Barlöffel Absinth
1 weißer Zuckerwürfel
5 Spritzer Pechaud's Bitters
5 cl Rye Whiskey

AUSSERDEM
Zestenreißer
Rührglas
Barlöffel
Eiswürfel
Julep-Sieb

1 Das Trinkglas im Tiefkühlfach ca. 20 Min. frosten. Die Bio-Zitrone heiß waschen, abtrocknen und mit einem Zestenreißer 1 große Zitronenzeste vorbereiten, beiseitelegen. 1 kleinen Schuss Absinth in das Trinkglas geben und das Glas sanft schwenken, sodass es gleichmäßig damit benetzt ist. Das Glas auf den Kopf stellen, damit überschüssiger Absinth heraustropft, dann wieder in das Tiefkühlfach stellen.

2 Den Zuckerwürfel in ein Rührglas geben, mit dem Bitters beträufeln und mit der flachen Seite des Barlöffels zerstoßen, bis sich der Zucker vollständig aufgelöst hat. Den Whiskey und reichlich Eiswürfel dazugeben und alles verrühren, bis das Glas von außen beschlägt.

3 Den Cocktail durch das Julep-Sieb in das Trinkglas abseihen. Die Zitronenzeste mit der Schale nach unten über dem Glas zusammendrücken, sodass die ätherischen Öle die Oberfläche des Drinks benetzen. Die Zeste nicht dazugeben. Den Sazerac ohne Eis trinken.

Für 1 Old-Fashioned-Glas (ca. 20 cl) • 8 Min. Zubereitung

OLD FASHIONED

DER WHISKEY-COCKTAIL

1 Bio-Orange
1 Zuckerwürfel
3 Spritzer Angostura Bitters
    (ersatzweise Abbotts Bitters)
1 Barlöffel Zuckersirup (im
    Verhältnis 2:1 Zucker zu
    Wasser)
6 cl Bourbon (ersatzweise Rye
    Whiskey)

FÜR DIE DEKO
1 Maraschino-Kirsche

AUSSERDEM
Zestenreißer, Barlöffel
Eiswürfel

1 Die Bio-Orange heiß waschen, abtrocknen und mit einem Zestenreißer 2 große Orangenzesten vorbereiten. 1 Zeste in das Trinkglas geben, die andere beiseitelegen.

2 Den Zuckerwürfel in das Glas geben und mit dem Bitters beträufeln. Zuckersirup hinzufügen und alles mit dem Barlöffel zerstoßen, um die Öle aus der Orangenschale zu extrahieren und den Zucker aufzulösen. 3 cl Bourbon und reichlich Eiswürfel dazugeben und behutsam verrühren. Übrigen Bourbon (3 cl) dazugeben und weitere Eiswürfel einrühren. Das kann bis zu 3 Min. dauern, Schmelzwasser und Kühlung sind ein wichtiger Bestandteil des Drinks.

3 Den Cocktail mit der Kirsche garnieren. Die beiseitegelegte Orangenzeste mit der Schale nach unten über dem Glas mit den Fingern zusammendrücken, sodass die ätherischen Öle die Oberfläche des Drinks benetzen. Zeste nach Belieben dazugeben. Trinken.

Für 1 Old-Fashioned-Glas (ca. 20 cl) • 5 Min. Zubereitung • 20 Min. Glas frosten

WHISKEY SOUR

WELTWEIT BELIEBTESTER SOUR-COCKTAIL

5 cl Bourbon
2,5 cl frisch gepresster Bio-
   Zitronensaft
1,5 cl Zuckersirup (im Verhältnis 2:1 Zucker zu Wasser)
1 Barlöffel Puderzucker
½ Eiweiß (ersatzweise veganer
   Ei-Ersatz)
1 große Bio-Zitronenzeste

FÜR DIE DEKO
1 Maraschino-Kirsche

AUSSERDEM
Shaker
evtl. Hand-Milchaufschäumer
Eiswürfel
Hawthorne-Sieb, Teesieb

GUT ZU WISSEN

Aus einem Whiskey Sour wird mit 1 cl Tawny Portwein als »Float« on top ein Continental Sour. Mit Rye Whiskey und 1 cl kräftigem, trockenem Rotwein als »Float« entsteht ein New York Sour.

1 Das Trinkglas im Tiefkühlfach ca. 20 Min. frosten.

2 Bourbon, Zitronensaft, Zuckersirup, Puderzucker und das halbe Eiweiß in den Shaker geben. Alle Zutaten ca. 30 Sek. ohne Zugabe von Eiswürfeln shaken. Alternativ einen Hand-Milchaufschäumer in den Shaker halten und laufen lassen, bis sich eine Emulsion gebildet hat, in der das Eiweiß vollständig integriert ist.

3 Den Shaker mit reichlich Eiswürfeln befüllen und sofort gut und hart schütteln.

4 Das Trinkglas bis zum Rand mit Eiswürfeln befüllen und auf eine ebene Oberfläche stellen. Den Shaker und das Hawthorne-Sieb in eine Hand nehmen und das Teesieb in die andere. Den Drink mit einer fließenden Bewegung durch beide Siebe in das gefrostete Glas abseihen. Das Teesieb soll die feinen Fruchtstücke der Zitrone und beim Schütteln abgeplatzte Eissplitter zurückhalten.

5 Die Zitronenzeste mit der Schale nach unten über dem Glas so zusammendrücken, dass die ätherischen Öle die Oberfläche des Drinks benetzen. Den Whiskey Sour mit der Maraschino-Kirsche garnieren und trinken.

Für 1 Coupette-Glas (ca. 14 cl) • 5 Min. Zubereitung • 20 Min. Glas frosten

DAIQUIRY

HAUSDRINK IM FLORIDITA AUF KUBA

1 Bio-Limette
6 cl weißer Rum
2 cl Zuckersirup (im Verhält-
*   nis 2:1 Zucker zu Wasser)*

AUSSERDEM
Shaker
Eiswürfel
Hawthorne-Sieb, Teesieb

1 Das Trinkglas im Tiefkühlfach ca. 20 Min. frosten. Die Bio-Limette heiß waschen, abtrocknen und halbieren. Aus der Mitte 1 Scheibe für die Deko herausschneiden. Die Limettenhälften auspressen und 2,5 cl Saft abmessen.

2 Rum, Limettensaft und Zuckersirup in den Shaker geben. Mit reichlich Eiswürfeln befüllen und sofort gut und hart schütteln. Mit einer Hand den Shaker und das Hawthorne-Sieb halten und mit der anderen das Teesieb direkt über dem gefrosteten Trinkglas halten. Den Drink durch beide Siebe in das Coupette-Glas abseihen. Das Teesieb soll die feinen Fruchtstücke der Limette und beim Schütteln abgeplatzte Eissplitter zurückhalten.

3 Den Drink mit der Limettenscheibe dekorieren und trinken.

Für 1 dünnwandiges Highball-Glas (ca. 35 cl) • 12 Min. Zubereitung • 20 Min. Glas frosten

MOJITO

MIT REICHLICH KÜHLENDER MINZE

2 große Stängel Minze
1,5 cl Zuckersirup (im Verhält-
nis 2:1 Zucker zu Wasser)
6 cl leichter Rum
2,5 cl frisch gepresster Bio-
Limettensaft
1 Schuss eiskaltes Sodawasser
(nach Belieben)

FÜR DIE DEKO
1 Strohhalm

AUSSERDEM
Barlöffel
Crushed Ice

1 Das Trinkglas im Tiefkühlfach ca. 20 Min. frosten. Die Minze waschen und unten 10 große Blätter abzupfen. Die Stängel kürzen und für die Deko beiseitelegen. Minzeblätter und Zuckersirup in das Trinkglas geben und mit dem Barlöffel vorsichtig andrücken. Die Minze nicht ganz zerstoßen, die ätherischen Öle sollen in den Zuckersirup übergehen. Die Mischung ca. 5 Min. ziehen lassen.

2 Rum und Limettensaft dazugeben und das Glas mit Crushed Ice befüllen. Alle Zutaten mit dem Barlöffel gut umrühren. Nun so viel Crushed Ice dazugeben, bis das Glas gefüllt ist. Das Sodawasser nach Belieben hinzufügen.

3 Erneut behutsam umrühren. Die beiseitegelegte Minze leicht auf den Handballen schlagen, um das Aroma freizusetzen. Den Cocktail damit dekorieren. Den Strohhalm so im Glas platzieren, dass einem beim Trinken der Duft der Minze in die Nase steigt. Trinken.

GU
CLOU

Der Swizzle Stick ist ein Ast
eines immergrünen niedrigen
Baumes, der in der Karibik
wächst. An den Enden gehen
Verästelungen sternförmig
ab, diese werden zurechtge-
stutzt und dafür benutzt,
Drinks schnell sehr kalt zu
rühren.

Für 1 dünnwandiges Highball-Glas (ca. 35 cl) • 12 Min. Zubereitung • 20 Min. Glas frosten

QUEEN'S PARK SWIZZLE

NATIONALGETRÄNK AUF TRINIDAD UND TOBAGO

2 große Stängel Minze
1,5 cl Zuckersirup aus braunem Zucker (im Verhältnis 2:1 Zucker zu Wasser)
6 cl gereifter Rum (bevorzugt Demerara Rum)
3 cl frisch gepresster Bio-Limettensaft
4 Spritzer Pechaud's Bitters (ersatzweise Angostura)

AUSSERDEM
Barlöffel
Crushed Ice
Swizzle Stick
Strohhalm

1 Das Trinkglas im Tiefkühlfach ca. 20 Min. frosten.

2 Die Minze waschen und unten 10 große Blätter abzupfen. Die Stängel unten kürzen und für die Deko beiseitelegen. Minze und Zuckersirup in das Trinkglas geben und mit dem Barlöffel vorsichtig drücken. Die Minze nicht zerstoßen, aber die ätherischen Öle sollen in den Zuckersirup übergehen. Die Mischung 5 Min. ziehen lassen.

3 Rum und Limettensaft hinzugeben und mit Crushed Ice auffüllen. Den Swizzle Stick ins Glas tauchen und zwischen den Handflächen schnell hin- und herdrehen. Das Glas wieder mit Crushed Ice auffüllen und erneut behutsam swizzeln, bis es beginnt, von außen zu überfrieren. Den Cocktail mit Bitters beträufeln und so viel Eis dazugeben, bis ein Hügel entsteht.

4 Den Cocktail mit der beiseitegelegten Minze dekorieren. Den Strohhalm so im Glas platzieren, dass einem beim Trinken der Duft der Minze in die Nase steigt. Trinken.

Für 1 Old-Fashioned-Glas mit glattem Rand (ca. 14 cl) • 5 Min. Zubereitung • 20 Min. Glas frosten

MARGARITA

SOMMER IM GLAS

FÜR DIE DEKO
1 Bio-Limettenachtel
Hibiskussalz

FÜR DEN DRINK
6 cl junger Tequila (ersatz-
* weise gereifter Tequila)*
2 cl Triple Sec (Cointreau)
2 cl frisch gepresster Bio-
* Limettensaft*

AUSSERDEM
Shaker
Eiswürfel
Hawthorne-Sieb, Teesieb

1 Für die Deko mit dem Limettenachtel eine Seite des Trinkglases mit einem ca. 5 cm breiten Längsstreifen benetzen. Das Hibiskussalz in einen kleinen Teller füllen und das befeuchtete Glas darin wenden. Die Salzkruste bis zum Glasrand hochziehen, so kann jeder selbst entscheiden, ob er beim Trinken den Salzgeschmack im Mund haben möchte oder nicht. Mit einer Serviette überschüssiges Salz entfernen. Das Trinkglas im Tiefkühlfach ca. 20 Min. frosten.

2 Für den Drink Tequila, Triple Sec und Limettensaft in den Shaker geben. Mit reichlich Eiswürfeln befüllen und sofort gut und hart schütteln. Das gefrostete Trinkglas mit Eiswürfeln befüllen und den Drink doppelt in das Glas abseihen. Das Teesieb soll die feinen Fruchtstücke der Limette und beim Schütteln abgeplatzte Eissplitter zurückhalten. Trinken.

Für 1 Old-Fashioned-Glas (ca. 20 cl) • 12 Min. Zubereitung

CAIPIRINHA

EXPORTSCHLAGER AUS BRASILIEN

1 Bio-Limette
6 cl Cachaça
2 cl Zuckersirup aus braunem
  Zucker (im Verhältnis 2:1
  Zucker zu Wasser)

AUSSERDEM
Muddler (ersatzweise Stößel)
Barlöffel
Eiswürfel
2 gekürzte Strohhalme (nach
  Belieben)

1 Die Bio-Limette waschen, abtrocknen und die beiden spitzen Enden abschneiden. Den bitteren weißen Strang in der Mitte entfernen und die Limette achteln. 2 Achtel anderweitig verwenden.

2 Die 6 Limettenachtel mit dem Cachaça am Boden des Trinkglases kräftig mit dem Muddler zerdrücken (muddeln), um den Limettensaft, aber auch die ätherischen Öle aus der Schale in den Alkohol übergehen zu lassen. Den Zuckersirup hinzugeben, alles mit dem Barlöffel verrühren und die Mischung ca. 5 Min. ziehen lassen.

3 Das Glas mit Eiswürfeln befüllen und mit dem Barlöffel behutsam umrühren. Nach Wunsch weiteres Eis dazugeben. Den Cocktail nach Belieben mit den gekürzten Strohhalmen garnieren und trinken.

Für 1 Highball-Glas (ca. 35 cl) • 7 Min. Zubereitung

PIÑA COLADA

KOKOSNUSS TRIFFT ANANAS

1 dicke Scheibe Ananas
6 cl leichter puerto-ricanischer
　Rum
2 cl Ananassaft
4 cl zimmerwarme Kokos-
　creme (aus der Dose)

FÜR DIE DEKO
¼ Ananasscheibe
1 schönes Ananasblatt

AUSSERDEM
Mixer
Crushed Ice

1 Die Ananasscheibe schälen und den harten Strunk aus der Mitte herausschneiden. Das Fruchtfleisch in Stücke schneiden und in den Mixer geben. Rum, Ananassaft und die Kokoscreme hinzufügen.

2 Dann 150–200 g Crushed Ice dazugeben und alle Zutaten auf höchster Stufe 30 Sek.–1 Min. im Mixer blenden. Das Ganze in das Trinkglas füllen.

3 Den Cocktail mit dem Ananasstück und dem Ananasblatt dekorieren und trinken.

TIPP
Einige Rezepte verwenden fertigen Ananassaft, doch besser wird der Drink mit frischer Ananas.

Für 1 Old-Fashioned-Glas (ca. 20 cl) • 5 Min. Zubereitung

MAI TAI

STRANDFEELING PUR

1 Bio-Limette
2,5 cl leichter Rum
2,5 cl dunkler Rum
1 cl Orange Curaçao
1 cl Orgeat (Mandelsirup)
0,5 cl Zuckersirup
1 Schuss hochprozentiger Rum

AUSSERDEM
Shaker
Eiswürfel, Crushed Ice
Hawthorne-Sieb, Teesieb
¼ Ananasscheibe
1 Ananasblatt
1 Maraschino-Kirsche
1 Cocktailspießchen

1 Die Bio-Limette heiß waschen, abtrocknen und halbieren. Die Hälften auspressen und 2,5 cl Saft abmessen. 1 ausgedrückte Limettenhälfte für die Deko beiseitelegen.

2 Beide Sorten Rum, Orange Curaçao, Limettensaft, Orgeat und Zuckersirup in den Shaker geben. Mit reichlich Eiswürfeln befüllen und sofort gut und hart schütteln. Das Trinkglas mit Crushed Ice befüllen und den Drink doppelt in das Glas abseihen. Das Teesieb soll die feinen Fruchtstücke der Limette und beim Schütteln abgeplatzte Eissplitter zurückhalten.

3 Ananasstück, Ananasblatt und die Maraschino-Kirsche auf das Cocktailspießchen stecken und den Drink damit dekorieren. Zum Schluss den hochprozentigen Rum auf die Oberfläche geben. (Alternativ die ausgedrückte Limettenhälfte mit der Schale nach unten in das Glas geben, den Rum einfüllen und vorsichtig anzünden.) Trinken.

MODERNE KLASSIKER

*Für 1 Coupette-Glas (ca. 12 cl) • 5 Min. Zubereitung •
20 Min. Glas frosten*

*Für 1 Nick-&-Nora-Glas (ca. 12 cl) •
5 Min. Zubereitung • 20 Min. Glas frosten*

CORPSE REVIVER #2

GEGEN DEN KATER DES VORTAGES

*2,5 cl Gin • 2,5 cl Cocchi Americano (ersatz-
weise Lillet blanc) • 2,5 cl frisch gepresster
Bio-Zitronensaft • 2,5 cl Triple Sec (Cointreau) •
1 Spritzer Absinth • Shaker • Eiswürfel • Hawthorne-Sieb • Teesieb • 1 Maraschino-Kirsche •
1 Cocktailspießchen (nach Belieben)*

1 Das Glas im Tiefkühlfach ca. 20 Min. frosten.
Gin, Cocchi Americano, Zitronensaft und Triple
Sec in den Shaker geben. Mit reichlich Eiswürfeln
befüllen und sofort gut und hart schütteln.

2 Das gefrostete Trinkglas mit dem Absinth benetzen und den Drink durch das Hawthorne-Sieb
und das Teesieb in das Glas abseihen. Den Drink
mit der Maraschino-Kirsche garnieren. Nach
Belieben die Kirsche auf das Spießchen stecken.
Den Cocktail trinken.

LAST WORD

SMARAGDFARBENE ERFRISCHUNG

*2,5 cl Gin • 2,5 cl grüner Chartreuse • 2,5 cl
frisch gepresster Bio-Limettensaft • 2,5 cl Maraschino-Likör • Shaker • Eiswürfel • Hawthorne-
Sieb • Teesieb • 2 Maraschino-Kirschen •
1 Cocktailspießchen (nach Belieben)*

1 Das Trinkglas im Tiefkühlfach ca. 20 Min.
frosten. Gin, Chartreuse, Limettensaft und
Maraschino-Likör in den Shaker geben. Mit
reichlich Eiswürfeln befüllen und sofort gut und
hart schütteln.

2 Den Drink doppelt in das Glas abseihen. Das
Teesieb soll die feinen Fruchtstücke der Zitrone
und beim Schütteln abgeplatzte Eissplitter
zurückhalten. Den Drink mit den Maraschino-
Kirschen garnieren, diese nach Belieben auf das
Spießchen stecken. Den Cocktail trinken.

Für 1 Coupette-Glas (ca. 12 cl) • 5 Min. Zubereitung •
20 Min. Glas frosten

Für 1 Nick-&-Nora-Glas (ca. 12 cl) •
5 Min. Zubereitung • 20 Min. Glas frosten

PAPERPLANE

MODERNER COCKTAIL MIT BOURBON

2,5 cl leichter Bourbon • 2,5 cl Amaro Nonino (alternativ Ramazotti) • 2,5 cl Aperol • 2,5 cl frisch gepresster Bio-Zitronensaft • Shaker • Eiswürfel • Hawthorne-Sieb • Teesieb • 1 hellblaues Mini-Origami-Flugzeug • 1 Miniholzklammer

1 Das Trinkglas im Tiefkühlfach ca. 20 Min. frosten. Bourbon, Amaro, Aperol und Zitronensaft in den Shaker geben. Mit reichlich Eiswürfeln befüllen und sofort gut und hart schütteln.

2 Den Drink doppelt in das gefrostete Glas abseihen. Das Teesieb soll die feinen Fruchtstücke der Zitrone und beim Schütteln abgeplatzte Eissplitter zurückhalten. Das hellblaue Origami-Flugzeug mithilfe der Holzklammer am Glasrand befestigen. Den Cocktail trinken.

NAKED & FAMOUS

APEROL MAL NICHT IM SPRITZ

2,5 cl rauchiger Mezcal (Del Maguey Vida) • 2,5 cl Aperol • 2,5 cl gelber Chartreuse • 2,5 cl frisch gepresster Bio-Limettensaft • Shaker • Eiswürfel • Hawthorne-Sieb • Teesieb

1 Das Glas im Tiefkühlfach ca. 20 Min. frosten. Mezcal, Aperol, Chartreuse und Limettensaft in den Shaker geben. Mit reichlich Eiswürfeln befüllen und sofort gut und hart schütteln.

2 Den Drink doppelt in das gefrostete Trinkglas abseihen. Das Teesieb soll die feinen Fruchtstücke der Limette und beim Schütteln abgeplatzte Eissplitter zurückhalten. Den Cocktail trinken.

Für 1 Nick-&-Nora-Glas (ca. 12 cl) • 5 Min. Zubereitung • 20 Min. Glas frosten

CHARLES CARROLL COCKTAIL

JÜNGSTES MITGLIED DER NEW YORKER FAMILIE

1 Bio-Orange
5 cl Rye Whiskey
2 cl süßer roter Wermut (z. B.
    Cocchi Dopo Teatro)
1 cl Rabarbaro (z. B. Zucca)
1 Barlöffel Barolo Chinato
3 Spritzer Angostura Bitters

FÜR DIE DEKO
1 Korallenchip (Hippe)
1 Miniholzklammer

AUSSERDEM
Zestenreißer
Rührglas
Eiswürfel
Barlöffel, Julep-Sieb

1 Das Trinkglas im Tiefkühlfach ca. 20 Min. frosten.

2 Die Bio-Orange heiß waschen, abtrocknen und mit einem Zestenreißer 1 große Orangenzeste vorbereiten. Beiseitelegen.

3 Whiskey, Wermut, Rabarbaro, Barolo Chinato und Angostura Bitters in das Rührglas geben. Reichlich Eiswürfel hinzufügen und mit dem Barlöffel rühren, bis das Glas von außen beschlägt.

4 Den Drink durch das Julep-Sieb in das gefrostete Trinkglas gießen. Die Orangenzeste mit der Schale nach unten über dem Glas mit den Fingern zusammendrücken, sodass die ätherischen Öle die Oberfläche des Drinks benetzen.

5 Den Korallenchip mit der Holzklammer am Glasrand befestigen und den Cocktail trinken.

GUT ZU WISSEN
Dieser Cocktail ist eine Abwandlung des Brooklyn und nach dem Namensgeber des Viertels »Carroll Gardens« in Brooklyn benannt, in dem viele italienische Auswanderer im späten 19. Jahrhundert eine neue Heimat fanden.

Für 1 Old-Fashioned-Glas (ca. 20 cl) • 12 Min. Zubereitung

PENICILLIN

MEDIZIN IM GLAS

1 dickes Stück Ingwer
2 cl Honigsirup (im Verhältnis 3:1 Honig zu Wasser)
4,5 cl Blended Scotch
2 cl frisch gepresster Bio-
   Zitronensaft
1,5 cl rauchiger Scotch

AUSSERDEM
Shaker
Muddler (ersatzweise Stößel)
Eiswürfel
Hawthorne-Sieb, Teesieb
Barlöffel
1 Stück kandierter Ingwer
1 Cocktailspießchen

1 Den Ingwer putzen und schälen. 3 ca. 1-Euro-Stück-große Scheiben abschneiden und in den Shaker geben. Den Honigsirup hinzufügen und beides mit dem Muddler richtig kräftig drücken, damit der
Geschmack des Ingwers in den Honigsirup übergeht. Die Mischung
ca. 5 Min. durchziehen lassen.

2 Den Blended Scotch und den Zitronensaft hinzugeben und den
Shaker mit reichlich Eiswürfeln befüllen. Sofort gut und hart schütteln. Den Drink durch das Hawthorne-Sieb und das Teesieb doppelt
in das mit Eiswürfeln befüllte Trinkglas abseihen. Das Teesieb soll
feine Stücke vom Ingwer und Fruchtstücke der Zitrone zurückhalten.

3 Den rauchigen Scotch über den Rücken des Barlöffels auf die
Oberfläche des Drinks geben. Den kandierten Ingwer auf das Cocktailspießchen stecken und in den Drink geben. Trinken.

Für 1 kleines Highball-Glas (ca. 25 cl) • 5 Min. Zubereitung • 20 Min. Glas frosten • 12 Std. Ziehen

JOHN LEE HOOKER

MIT LOKALEM CRAFT BEER

2 Zimtstangen
50 g Agavensirup
1 Bio-Orange
rauchiger Scotch in einer
*   Sprühflasche*
4 cl Bourbon
1,5 cl frisch gepresster Bio-
*   Zitronensaft*
2 Spritzer Grapefruit Hopfen
*   Bitters*
ca. 10 cl eiskaltes Double IPA
*   Bier (True Brew Lupotronic)*

AUSSERDEM
Shaker, Eiswürfel
Hawthorne-Sieb, Teesieb

1 Am Vorabend die Zimtstangen in den Agavensirup geben und über Nacht ziehen lassen.

2 Das Trinkglas im Tiefkühlfach ca. 20 Min. frosten. Die Bio-Orange heiß waschen, abtrocknen und mit einem Zestenreißer 1 große Zeste vorbereiten. Beiseitelegen. Das Glas mit Scotch aus der Sprühflasche benetzen und wieder ins Tiefkühlfach stellen.

3 Bourbon, 2 cl Zimt-Agavensirup, Zitronensaft und Grapefruit Hopfen Bitters in den Shaker geben. Mit Eiswürfeln befüllen und sofort gut und hart schütteln. Das Trinkglas mit Eiswürfeln befüllen und den Drink doppelt abseihen. Eis aus dem Shaker entfernen, das Bier hineingeben und den Shaker schwenken, damit alle Aromen in das Bier übergehen. Das Bier ins Glas gießen und behutsam umrühren. Einige Sprayer Scotch auf den Drink und den Glasrand geben. Die Orangenzeste über dem Drink ausdrücken und ins Glas geben.

Für 1 Martiniglas (ca. 12 cl) • 8 Min. Zubereitung • 20 Min. Glas frosten

ESPRESSO MARTINI

MACHT WACH

*2,5 cl frisch aufgebrühter
   Espresso*
4 cl Wodka
2,5 cl Kalua
*1 cl Zuckersirup (im Verhält-
   nis 2:1 Zucker zu Wasser)*

FÜR DIE DEKO
3 Kaffeebohnen

AUSSERDEM
*Shaker
Eiswürfel
Hawthorne-Sieb, Teesieb*

1 Das Trinkglas im Tiefkühlfach ca. 20 Min. frosten.

2 Den Espresso frisch aufbrühen und in den Shaker geben. Wodka, Kalua und Zuckersirup hinzufügen. Den Shaker mit reichlich Eiswürfeln befüllen und sofort gut und hart schütteln.

3 Den Shaker und das Hawthorne-Sieb in eine Hand nehmen und das Teesieb in die andere. Den Drink mit einer fließenden Bewegung durch beide Siebe in das gefrostete Glas abseihen. Durch das doppelte Sieben bildet sich die dekorative Schaumkrone. Die Schaumkrone mit den Kaffeebohnen dekorieren und den Espresso Martini trinken.

Für 1 Old-Fashioned-Glas (ca. 20 cl) • 5 Min. Zubereitung

GIN BASIL SMASH

MODERNER KLASSIKER AUS HAMBURG

2 Stängel Basilikum (mit ca. 15 Blättern)
2 cl Zuckersirup (im Verhältnis 2:1 Zucker zu Wasser)
6 cl Gin
2,5 cl frisch gepresster Bio-Zitronensaft

FÜR DIE DEKO
1 Stängel Basilikum

AUSSERDEM
Shaker
Barlöffel
Eiswürfel
Hawthorne-Sieb, Teesieb

1 Das Basilikum waschen. Falls die Stängel mehr als 15 Blätter haben, diese abzupfen und anderweitig verwenden. Die Stängel mit Blättern in den Shaker geben. Den Zuckersirup hinzufügen und das Basilikum mit dem Barlöffel stark andrücken. Das Basilikum nicht gänzlich zerstoßen, aber die ätherischen Öle und die Farbstoffe sollen in den Zuckersirup übergehen.

2 Den Gin und den Zitronensaft hinzugeben. Den Shaker mit reichlich Eiswürfeln befüllen und sofort gut und hart schütteln.

3 Das Trinkglas mit Eiswürfeln befüllen und den Drink doppelt abseihen. Das Teesieb soll feine Stücke vom Basilikum und Fruchtstücke der Zitrone zurückhalten. Das Basilikum für die Deko waschen, trocken schütteln und auf dem Handballen anklatschen. In das Glas geben und den Cocktail trinken.

Für 1 Kupferbecher (ca. 35 cl) • 3 Min. Zubereitung

IRKUTSK MULE

EIN HYBRID AUS MOSCOW UND MUNICH MULE

1 Stück Gurke
1 Stück Ingwer
6 cl Wodka
1 cl frisch gepresster Bio-Limettensaft
15 cl eiskaltes scharfes Ingwerbier

FÜR DIE DEKO
2 Spritzer Angostura Bitters

AUSSERDEM
Eiswürfel
1 Holzstäbchen zum Rühren

1 Gurke und Ingwer waschen und nach Belieben schälen. Je 2 Scheiben abschneiden und beiseitelegen. Den Kupferbecher mit Eiswürfeln befüllen. Wodka und Limettensaft dazugeben und langsam mit scharfem Ingwerbier auffüllen.

2 Die Zutaten behutsam umrühren. Die Gurken- und Ingwerscheiben in den Becher geben. Für die Deko Angostura Bitters auf die Oberfläche des Cocktails träufeln. Das Holzstäbchen zum Rühren ins Glas geben und den Irkutsk Mule trinken.

GU
CLOU

Der Mule ist ein gutes Beispiel dafür, dass sich durch das Variieren der Basisspirituose der Charakter eines Drinks schnell verändern lässt. Amaro, Rum, rauchiger Scotch und Mezcal anstelle von Wodka funktionieren hier ebenfalls hervorragend.

Für 1 Highball-Glas (ca. 30 cl) • 5 Min. Zubereitung

LUCIEN GAUDIN HIGHBALL

CHARMANTER NEGRONI TWIST

1 Bio-Limette
3 cl Gin
1,5 cl Triple Sec (Cointreau)
1,5 cl trockener Wermut
1,5 cl Campari
15 cl eiskaltes scharfes Ingwerbier

AUSSERDEM
Eiswürfel
Barlöffel
1 Holzstäbchen zum Rühren

1 Die Limette heiß waschen und abtrocknen, die Enden abschneiden. Die Frucht längs halbieren und den bitteren weißen Strang in
der Mitte entfernen. Eine Limettenhälfte vierteln.

2 Das Trinkglas mit Eiswürfeln füllen. Gin, Triple Sec, Wermut und
Campari dazugeben. 3 Limettenachtel über dem Glas ausdrücken
und den Saft ins Glas fließen lassen. Die ausgepressten Fruchtstücke
ebenfalls dazugeben.

3 Das Glas behutsam mit eiskaltem Ingwerbier auffüllen. Vorsichtig
mit dem Barlöffel umrühren. Das Holzstäbchen zum Rühren ins Glas
geben und den Drink trinken.

Für 1 robustes Old-Fashioned-Glas (ca. 20 cl) • 8 Min. Zubereitung

RUBICON

MIT FLAMBIERTEM ROSMARIN

2 weiche Zweige Rosmarin
1 cl grüner Chartreuse
5 cl Gin
1 cl Maraschino-Likör
2 cl frisch gepresster Bio-
  Limettensaft
1 Barlöffel Zuckersirup (im
  Verhältnis 2:1 Zucker zu
  Wasser)

AUSSERDEM

Shaker
Eiswürfel
1 Zweig Rosmarin
Flambierbrenner

1 Die Rosmarinzweige zu einem kleinen Kranz zusammenlegen, auf den Boden des Trinkglases legen und mit dem Chartreuse beträufeln. Das Glas beiseitestellen. Gin, Maraschino-Likör, Limettensaft und Zuckersirup in den Shaker geben. Reichlich Eiswürfel hinzufügen und sofort gut und hart schütteln.

2 Den Chartreuse im Glas mit einem langen Streichholz anzünden. (Profis sprühen Chartreuse in einem Zerstäuber so durch das angezündete Streichholz, dass der Chartreuse im Glas entflammt wird.) Das Glas ca. 10 Sek. ausräuchern.

3 Das Feuer mit dem Cocktail löschen, dafür den Inhalt des Shakers mitsamt dem zum Schütteln verwendeten Eis in das Glas füllen. Den Rosmarinzweig für die Deko ins Glas geben und mit dem Flambierbrenner kurz entflammen. Den Cocktail trinken.

ALKOHOLFREI

ALCFREE SANGRIA

IDEAL, WENN FREUNDE ZU BESUCH KOMMEN

FÜR DIE SANGRIA

2 Beutel schwarzer Tee
2 Zimtstangen
100 g feiner Zucker
750 ml ungesüßter Granatapfelsaft
250 ml frisch gepresster Orangen-
*   saft*
1 Bio-Apfel
1 Bio-Orange
1 Bio-Zitrone
1 Bio-Limette

FÜR DIE DEKO

ca. 12 Stängel Schleierkraut
ca. 12 Miniholzklammern

AUSSERDEM

Eiswürfel
750 ml eiskaltes Mineralwasser
*   mit Kohlensäure*
ca. 12 dünnwandige Gläser

1 Für die Sangria Teebeutel und Zimtstangen mit 500 ml kochendem Wasser aufbrühen und ca. 5 Min. ziehen lassen. Die Teebeutel entfernen, den Zucker dazugeben und unter Rühren auflösen. Den Zimt-Tee in die Punsch-Schale gießen, Granatapfelsaft und Orangensaft dazugeben und alles gut mischen.

2 Den Apfel waschen und das Kerngehäuse mit einem Apfelentkerner herausschneiden. Den Apfel in Scheiben schneiden. Orange, Zitrone und Limette heiß waschen und in Scheiben schneiden, dabei die Kerne entfernen. Alle Obstscheiben in die Sangria geben und die Schale zugedeckt ca. 2 Std. kalt stellen.

3 Kurz vor dem Servieren die Sangria mit Eiswürfeln und dem Mineralwasser auffüllen, kurz umrühren. Für die Deko das Schleierkraut so zurechtschneiden, dass der Hauptstängel lang genug ist, um ihn mit der Holzklammer am Glasrand zu befestigen. An jedem Glas 1 Stängel Schleierkraut mit 1 Holzklammer befestigen. Die Sangria servieren und reichlich Eiswürfel dazu reichen.

Für 1 Old-Fashioned-Glas (ca. 20 cl) • 3 Min. Zubereitung

BITTERMAN'S FRIEND

MIT ITALIENISCHER BITTERLIMONADE

1 Bio-Orange
10 cl Sanbittèr
10 cl Ingwerbier

AUSSERDEM
Zestenreißer
Eiswürfel
Barlöffel

1 Die Bio-Orange heiß waschen, abtrocknen und mit einem Zesten-reißer 1 große Orangenzeste vorbereiten. Für die Deko beiseitele-gen. Aus der Orange 2–3 Spalten schneiden, den Rest der Orange anderweitig verwenden.

2 Das Trinkglas mit Eiswürfeln befüllen. Den Sanbittèr und das Ingwerbier hinzufügen und die Zutaten mit dem Barlöffel behutsam verrühren. Den Saft aus 2 Orangenspalten ins Glas pressen, die Früchte aber nicht dazugeben.

3 Die Orangenzeste mit der Schale nach unten über dem Glas mit den Fingern zusammendrücken, sodass die ätherischen Öle die Oberfläche des Drinks benetzen. Oder 1 Orangenspalte in den Drink geben. Trinken.

Für 1 Old-Fashioned-Glas (ca. 25 cl) • 7 Min. Zubereitung

IPANEMA

TROPISCHER ERFRISCHER

1 Bio-Limette
1 reife Maracuja
6 cl Maracujasaft
2 Barlöffel Rohrzucker
ca. 10 cl eiskaltes Ginger Ale

AUSSERDEM
Muddler (ersatzweise Stößel)
Crushed Ice
Barlöffel
2 gekürzte Strohhalme

1 Die Bio-Limette waschen, abtrocknen und die beiden Enden abschneiden. Die Limette längs halbieren und den bitteren weißen Strang in der Mitte entfernen. Eine Hälfte für einen anderen Drink verwenden, die zweite Hälfte in 4 Stücke schneiden. Die Maracuja halbieren und das Fruchtfleisch mitsamt den Kernen mit einem Löffel aus den Schalen lösen. Beiseitelegen.

2 Die 4 Limettenstücke, den Maracujasaft und den Zucker in das Trinkglas geben und auf dem Boden des Glases muddeln. Das Maracujafruchtfleisch mitsamt den Kernen dazugeben. Das Glas mit Crushed Ice befüllen und das eiskalte Ginger Ale hinzugeben. Alle Zutaten mit dem Barlöffel behutsam umrühren und weiteres Crushed Ice hinzugeben.

3 Die Strohhalme in das Glas stecken und den Ipanema trinken.

Für 1 Old-Fashioned-Glas (ca. 35 cl) • 5 Min. Zubereitung • 20 Min. Glas frosten

MARIA VERGINE

ALKOHOLFREIE BLOODY MARY

FÜR DIE DEKO

1 Limettenachtel
3 Prisen Tajine-Gewürzmischung
   (Klassik)
1 Stange Staudensellerie
1 gebogenes Bumbusspießchen
1 Silberzwiebel
1 Cornichon
1 Zitronenspalte

FÜR DEN DRINK

5 cl Maria-Vergine-Fond
15 cl gekühlter Tomatensaft

AUSSERDEM

Eiswürfel
Barlöffel
Strohhalm

DEKO Mit dem Limettenachtel die Außenseite des unge-
kühlten Glasrandes mit einem ca. 1,5 cm breiten Rand benetzen. Die Tajine-Gewürzmischung auf einen kleinen Teller geben und das befeuchtete Glas im Gewürz wenden. Über-
schüssige Gewürzreste mit einer Serviette entfernen. Das
Glas in das Tiefkühlfach stellen und ca. 20 Min. frosten.

Den Sellerie schälen und die Blätter fein trimmen. Das Bambusspießchen mit der Silberzwiebel, dem Cornichon und der
Zitronenspalte bestücken.

DRINK Das gekühlte Glas mit Eiswürfeln befüllen. Den Maria-Vergine-Fond und den Tomatensaft dazugeben und alle
Zutaten mit dem Barlöffel kräftig verrühren. Den Drink mit der
Selleriestange und dem Bambusspießchen dekorieren und
mit etwas Tajine-Gewürzmischung bestreuen. Den Strohhalm
hineinstecken und die Maria Vergine trinken.

REGISTER

Abkürzungsverzeichnis:
cl = Zentiliter
EL = Esslöffel
(gestrichen)
Msp. = Messerspitze
Pck. = Päckchen
TK = Tiefkühl
TL = Teelöffel
(gestrichen)
Ø = Durchmesser

LIEBE LESERINNEN UND LESER,

wir wollen Ihnen mit diesem Buch Informationen und Anregungen geben, um Ihnen das Leben zu erleichtern oder Sie zu inspirieren, Neues auszuprobieren. Wir achten bei der Erstellung unserer Bücher auf Aktualität und stellen höchste Ansprüche an Inhalt und Gestaltung. Alle Anleitungen und Rezepte werden von unseren Autoren, jeweils Experten auf ihren Gebieten, gewissenhaft erstellt und von unseren Redakteur*innen mit größter Sorgfalt ausgewählt und geprüft.

Haben wir Ihre Erwartungen erfüllt? Sind Sie mit diesem Buch und seinen Inhalten zufrieden? Wir freuen uns auf Ihre Rückmeldung. Und wir freuen uns, wenn Sie diesen Titel weiterempfehlen, in Ihrem Freundeskreis oder bei Ihrem Online-Kauf.

Sollten wir Ihre Erwartungen so gar nicht erfüllt haben, tauschen wir Ihnen Ihr Buch jederzeit gegen ein gleichwertiges zum gleichen oder ähnlichen Thema um.

KONTAKT ZUM LESERSERVICE

GRÄFE UND UNZER VERLAG
Grillparzerstraße 12
81675 München
www.gu.de

IMPRESSUM

© 2022 GRÄFE UND UNZER VERLAG GmbH,
Postfach 860366, 81630 München

GU ist eine eingetragene Marke der GRÄFE UND UNZER VERLAG GmbH, www.gu.de

ISBN 978-3-8338-8668-3
2. Auflage 2023

Projektleitung: Monika Greiner
Lektorat: Katharina Lisson
Korrektorat: Waltraud Schmidt
Gesamtgestaltung: Independent Mediendesign, München
Umschlaggestaltung: ki36 Editorial Design, Sabine Krohberger, München
Herstellung: Renate Hutt
Satz: Eberl & Koesel Studio GmbH
Reproduktion: medienprinzen GmbH
Druck + Bindung: Firmengruppe APPL, aprinta druck, Wemding
Printed in Germany

Ein Unternehmen der
GANSKE VERLAGSGRUPPE

DER AUTOR

Daniel Richter betreibt seit mittlerweile 11 Jahren den Salon Irkutsk in München und bietet dort Drinks und kleine osteuropäische Gerichte an. Sollte er mal nicht im Salon anzutreffen sein, ist er mit seiner mobilen Bar auf Firmenfeiern und privaten Events unterwegs.

DER FOTOGRAF

Jan C. Brettschneider ist Foodfotograf in Hamburg, zusammen mit Thomas Lauterbach (Foodstyling) hat er die diversen coolen Drinks stimmungsvoll in Szene gesetzt.

Bildnachweis:

Jan C. Brettschneider: S. 06-59 und Stepfotos auf den Klappen
Coco Lang: S. 01, 05 und Stillleben auf den Klappen
stockfood: Cover
Philipp Gülland/www.guelland-foto.de: S. 04 Autorenfoto

Umwelthinweis:

Nachhaltigkeit ist uns sehr wichtig. Der Rohstoff Papier ist in der Buchproduktion hierfür von entscheidender Bedeutung. Daher ist dieses Buch auf PEFC-zertifiziertem Papier gedruckt. PEFC garantiert, dass ökologische, soziale und ökonomische Aspekte in der Verarbeitungskette unabhängig überwacht werden und lückenlos nachvollziehbar sind.

Syndication: www.seasons.agency
Die GU-Homepage finden Sie unter
www.gu.de

APPETIT AUF MEHR?

ISBN 978-3-8338-7304-1

ISBN 978-3-8338-7691-2

ISBN 978-3-8338-7082-8

ISBN 978-3-8338-6620-3

ISBN 978-3-8338-7950-0

ISBN 978-3-8338-6623-4

 Alle hier vorgestellten Bücher sind auch als eBook erhältlich.

DIE »GU KOCHEN PLUS«-APP

 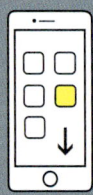

1 APP HERUNTERLADEN

Laden Sie die kostenlose »GU Kochen Plus«-App im Apple App Store oder im Google Play Store auf Ihr Smartphone. Starten Sie die App und wählen Sie Ihren Küchenratgeber aus.

2 REZEPTBILD SCANNEN

Scannen Sie das gewünschte Rezeptbild mit der Kamera Ihres Smartphones. Klicken Sie im Display die Funktion Ihrer Wahl.

3 FUNKTIONEN NUTZEN

Sammeln Sie Ihre Lieblingsrezepte. Speichern und verschicken Sie Ihre Einkaufslisten. Oder nutzen Sie den praktischen Supermarkt-Finder und den Rezept-Planer.